1시간만에 배우는

딱따라 책쓰기 비법

100세까지 돈 버는
책쓰기 브랜딩으로
영향력 있는 명강사 되는

1시간만에 배우는
딱따라 책쓰기 비법

100세 라이프디자이너 **최원교** 지음

공감

이 글은

20년 동안 350여 종 종합출판을 해 온

발행인이 발명한

'딱따라 책쓰기 비법'입니다.

'딱따라 책쓰기 비법'은

2021년 4월 즈음에 완성했고

'딱따라 책쓰기 비법'으로

2021년 7월부터 9월까지 현재 35명의

작가와 명강사가 탄생했습니다.

카톡 문자만 할 수 있다면

자신만의 책쓰기를 쉽게 할 수 있습니다.

2021년 9월 30일

100세 라이프디자이너 최원교

/ 목차 /

팬더믹 시대, 세상이 달라졌다는 것은 누구나 공감하는 현실입니다. 상식이 비상식이 되는 세상입니다. 한 직장을 평생 다닌다는 생각은 벌써 사라진 옛이야기입니다. 작가의 개념조차 달라지고 이제는 누구나 글을 쓰는 시대가 되었습니다. 자신을 알리는 SNS는 기본입니다. 매일 밥을 먹는 것과 같습니다. 카카오톡과 메시지 생활은 누구나의 일상입니다. 스마트 폰 없이 산다는 것은 상상도 할 수 없는 일이 되고 말았습니다.

'1인 기업가'라는 말도 누구나 알고 있습니다. 최강의 비즈니스 모델이 되었습니다. 무자본 재택 창업이 가능하다는 것까지도 모두 압니다. 그러다 보니 '나홀로 비즈니스'라는 표현은 1인 기업의 모든 것을 말해줍니다. 고용되어 일하기보다는 자신을 알리고 기획부터

마케팅 홍보까지 모두 혼자 해내야 합니다. 부담은 있지만, 돈과 자유를 손에 넣을 수 있다는 이유로 모두가 꿈꾸고 실행하게 되었습니다. 그러니 무엇보다 자신을 알려야 합니다. 자신이 브랜드이고 직접 자신을 홍보마케팅을 해야 합니다. 그러므로 이 시대에 글쓰기는 기본이고 책쓰기는 더욱더 꼭 해야 하는 이유입니다.

책 쓰기를 꼭 해야 하는 이유는 이렇습니다. 자신이 브랜드이기 때문입니다. 나를 알려야 한다는 것이 반드시 해야 할 일이 되었습니다. 나를 알리는 여러 가지 방법을 생각해 볼 때, 1인 기업가는 혼자서 모든 과정을 해내야 하기에 자는 시간에도 나를 알릴 방법이 필요합니다. 그렇습니다. 자는 시간에도 온 세상을 돌아다니면서 나의 이야기와 내가 하는 비즈니스에 대하여 이야기해줄 수 있는 홍보 도구가 필요합니다. 가장 비용이 적게 들고 효과적인 방법이 나의 아바타, 바로 책입니다.

책을 쉽게 저절로 쓰는 방법을 소개하겠습니다. 20년 동안 약 350 여종을 출간한 제가 조용히 실천해 본 결과, 가장 쉽고 100세까지 지속적으로 성장하며 혼자 쓸 수 있는 나만의 글쓰기 방법을 찾았습니다. 훌륭한 성과에 대한 좋은 찬사도 받았습니다. 나만의 글쓰기 방법으로 백친 1기 강은영 작가의 '트라우마 그까이껏'이 출간되었고, 12명의 메신저가 공저한 '땡큐 코로나, 1억 연봉 메신저'가

베스트 셀러에 올라 있습니다. 엽서에 달랑 두 줄 쓴 한 번의 경험이 글쓰기의 전부였던 치매명의 김시효 원장의 '치매를 이겨낸 사람들의 이야기' 명서가 그 결과입니다. 2021년 7월의 이야기입니다.

9월에는 지켜보고 있던 후배 예비작가들이 바삐 움직여 꿈을 이뤘습니다. 메신저 2기 12작가의 '억대 연봉 메신저, 그 시작의 기술'이 출간되었습니다. 30대 40대 50대 60대 70대로 구성된 백친 3기, 아홉 분의 작가가 '꼬가 있는 사람들의 결단'을 집필하였습니다. 100일동안 35명의 작가와 명강사가 탄생했습니다.

카톡 문자만 보낼 수 있다면, 누구나 가능한 '딱따라 책쓰기 비법'입니다.

크게 보면
뇌세포의 재생은 불가능하지만,
재활은 가능합니다

치매를 이겨낸 사람들의 이야기

60일 원고 완성 | 7일 디자인 | 7일 제작, 출간

트라우마 그까이껏

30일 원고 완성 | 7일 디자인 | 7일 제작, 출간

땡큐 코로나, 억대 연봉 메신저

지식과 경험으로 부자가 되는 12가지 방법

박현근 | 김일 | 서미경 | 권가비 | 김미혜 | 최종환 | 케이트 |
김보민 | 김종학 | 김줄리 | 김수란 | 김진옥 공저

thank you

공감

땡큐 코로나, 1억 연봉 메신저

15일 원고 완성 | 7일 디자인 | 7일 제작, 출간

뒤를 돌아봐!
너를 만나러 가는 길!

살아오면서 가장 잘했던 일이 무엇일까요?

뒤를 돌아다본다는 것은 참으로 힘든 과정입니다. 잘한 것도 있고, 못한 것도 있고 어려웠던 일 힘들었던 이야기의 주인공인 수많은 '나'를 만나게 됩니다. 아쉬웠던 시간의 만남도 뿌듯하고 흥분되는 기억 속의 주인공도 만나게 되지요.

힘들어도 현재의 '나'를 알기 위해서는 길을 나서야만 합니다.
'지난 시간의 나'와 만나야 하는 기쁘고도 힘든 과정입니다.

저는 그랬습니다.

우연히 태어났고 자랐고 공부했습니다. 제가 하고자 한 것이 한가지도 없었습니다. 공부하라 해서 했고 대학을 가라 해서 갔습니다.

왜? 해야 하는지 본질을 알고 했던 어떠한 의도도 없었습니다.

우연히 성장했고 결혼했습니다. 남들도 다 하는 것이니 해야 하는 것으로 그냥 했습니다. 결혼해서 일을 시작했고 아이도 낳았습니다. 남편을 도왔고 아이들도 키웠습니다. 엄마가 제게 우연히 했듯이 저도 제 아이들에게 그대로 하고 있었습니다.

그리고 우연히 성공했고 부자가 되었습니다.
그리고 일을 하다 우연히 실패했습니다.
삶은 힘들고 고단했습니다.

혼자 하기 힘들어 10년간 삶의 스승님을 찾아다녔습니다. 발에 부딪히는 돌부리도 스승이라는 진리를 잊지 않고 찾아다녔습니다. 그러나 찾지 못했습니다. 혼자서 조용히 생각했습니다. 1살부터 살아온 날과 앞으로 살아갈 100세까지의 삶을 하나하나 짚어 봤습니다.

《원교 백세연혁표》

1959년 서울 중구 장충동 출생

1976년 교내 성악콩쿠르 2등

1981년 의과대학 본과 4학년 김시효와 결혼

1982년 숙명여자대학교 음악대학 성악과 졸업

1983년 피아노 교실 운영

1984년 남성복 한스 오픈

1985년 유니폼 한스 설립,

　　　　호텔 신라 유니폼 제작

　　　　힐튼 호텔 유니폼 제작

　　　　대한교육보험 유니폼 제작

1987년 88올핌픽 인터콘티넨탈호텔 그랜드 오픈

　　　　스위스그랜드호텔 그랜드 오픈

　　　　리베라호텔 그랜드 오픈 유니폼 제작

1988년 세강의원 개원

1989년 연세훼밀리의원 개원

1992년 간호조무사 자격증 취득

1995년 교보생명 전 직원 유니폼 제작,

1997년 교보생명 마지막 유니폼 제작(1985~1997년)

1999년 시와시학사 출판사 인수

2000년 킴스패밀리의원한의원 개원

2004년 큰나 출판사 설립

2005년 연세대학교 대학원 언론홍보학과 석사과정

2008년 대한출판문화협회 홍보상무이사 역임

2008~2010년 경민대학교 독서문화 콘텐츠과 겸임교수

2009년 대한출판문화협회 대상 수상

2010년 대한민국 외무부 장관상 수상

2012년 '달팽이가 느려도 늦지 않다' 정목 종합 베스트 2위

2015년 ㈜웰에이징 설립

2016년 '김시효 뇌건강 연구소' 설립

　　　　'킴스패밀리의원한의원' 압구정 이전

　　　　(사)미래복지경영 이사 역임

2017년 국민대학 행정대학원 사회복지학과 석사

2017년 사회복지사 자격증 취득

　　　　서울대학교 과학기술산업융합 최고전략과정 졸업

2021년 '일간 닥터 김시효' 온라인신문 창간

2021년 큰나에듀 설립

2021년 '100시대 라이프디자이너 최원교' 브랜딩

2021년 100세 시대 명강사 교육 프로그램 완성

2021년~2025년 무거운 숙제 완료

2025년~2030년 새로운 터전 완성

2030년~2035년 질 높은 노후, 자연마을 만들기

2035년~2040년 100세 명강사 만 명 탄생 기념식

2040년~2060년 탄소제로마을, 103세 브라보 강연

그러자, 가슴 뛰는 저를 만났습니다.

지나 온 63년 동안 가장 잘한 일, 두 개를 찾았습니다!

기쁜 일이 있었던가요? 행복했었나요?

제게는 가장 기쁘고 행복한 일을 만났습니다.

가슴이 두근두근 쿵쾅거리기 시작했습니다.

참으로 잘했고 가슴 뛰는 일은 40년 동안 치매명의 김시효 원장과 함께 다양한 병 때문에 아픈 사람들을 치료해주는 진료 현장에 있었다는 것이었습니다. 아픈 환자를 도울 때가 가장 가슴이 뛰었습니다. 그리고 또 하나, 죽을 만큼 힘들었지만 20년 동안 약 350여 종을 출간한 종합출판을 한 것이었습니다.

병원에서 일하는 나, 출판하는 발행인으로 일하는 나, 두 사람을 만나니 뛸 뜻이 기뻤습니다. 다시 가슴 뛰는 청춘을 다시 만났습니다.

여러분, 차분히 뒤를 돌아보시기 바랍니다.

가장 가슴 뛰는 일, 가장 잘하는 일, 꼭 하고 싶은 일을 만나시기 바랍니다.

《원교연혁표》

나이	연도	가장 기억에 남는 나	지금의 내가 보는 나, 느낌, 기억
1			
2			
3			
4			
5			
6			
7			
8			
9			
10			
11			
12			
13			
14			
15			
16			
17			
18			
19			
20			
21			
22			
23			
24			
25			
26			
27			
28			
29			
30			
31			
32			
33			

34			
35			
36			
37			
38			
39			
40			
41			
42			
43			
44			
45			
46			
47			
48			
49			
50			
51			
52			
53			
54			
55			
56			
57			
58			
59			
60			
61			
62			
63			
64			
65			
66			
67			
68			
69			

70			
71			
72			
73			
74			
75			
76			
77			
78			
79			
80			
81			
82			
83			
84			
85			
86			
87			
88			
89			
90			
91			
92			
93			
94			
95			
96			
97			
98			
99			
100			

기적이 일어나는 지난 나의 시간과 현재 그리고 미래의 나를 만나러 가는 길입니다. 지나 온 나를 만나고 현재의 나를 살펴 미래의 칸을 마음껏 채워 넣으세요!

아파서 미안해!
기적 만나러 가는 길!

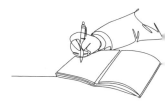

지나온 흔적을 밟는다는 것은 참으로 아픈 일입니다. 상처도 아픔도 아쉬움도 흔적도 아픈 일이 많았습니다. 저에게 조용히 속 삭입니다,

아파서 미안해!
기적을 만나러 가는 길이야!

서서히 가노라면 만나는 예감이 있습니다. 구름처럼 바람처럼 그리고 햇살 같은 예감이 스칩니다. 예감의 자락을 잡고 오는 압도적인 성공의 비밀!

결단!

지금 시작하고 나중에 완벽해지기로 합니다.

롭 무어의 조언에 저는 용기를 내기 시작했습니다.

무언가 결단을 하고 새로운 일을 시작하려고 할 때,

우리는 반드시, 사전에 얼마나 철저하게 제대로 된 준비를 거
친 후에 경험했는가를! 박세니 선생님께 배웠습니다.

좋은 책을 소개합니다.

결단
저자 롭 무어 | 출판 다산북스

위험은 절묘한 균형을 만들어 냅니다.

위험한 길에서 간절한 마음으로 맛있게 읽었습니다.

절묘한 균형은 아직 잡히지 않으나 절묘함을 만났습니다.

살아온 경험과 나의 위기 극복기 등 내 이야기가 경쟁력이 됩니다. 거기서 깨달을 삶의 지혜와 방법을 세상과 나누는 것입니다. 독서를 통해서 배운 것은 이렇습니다!

낭비하지 마라! 투자하라! 써라! 폐버리지하라! 회복하라!

더 똑똑하고 빠르게 결정을 내리는 방법이 눈에 쏘옥 들어 왔습니다.

현재에 충실하며 살아라. 과거의 짐이 현재의 삶을 망치게 해서는 안 된다. 굴레에서 벗어나라. 자신과 타인을 용서하라. 과거에 얽매여 살지 마라. 그것은 실패의 지름길이다. 귀에 또 들리고 들렸습니다.

다른 사람들이 당신에 대해 어떻게 생각하건

절대 상관하지 말라.

ㅡ롭 무어의 결단

짖는 개를 볼 때마다 가던 길을 멈추고 돌을 던지면

목적지에 도착하지 못한다.

−처칠

느껴지십니까?

만져지나요?

세상에 나쁜 결정은 없습니다.

나에게 일어나는 모든 일은 나를 위함입니다.

우선순위를 결정하세요!

한 번 사는 내 삶에 그 어떠한 잡음도 허락하지 마세요!

몰입 상태에 빠지면 갈등과 긴장에서 벗어날 수 있고

직관력이 올라감으로써 자연스럽게

더 나은 결정을 할 수 있다.

지나치게 밀어붙이지 말고, 성장할 수 있게

마음을 내려놓고, 가진 모든 (무한한) 가치를

구현하기 위해 자연처럼 '최소 노력의 법칙'을 활용하라.

−롭 무어의 결단

비전 없는 삶은 목적도 없다. '내 안의 망할 놈'을 관리하라!

이렇게 묻고 또 물었습니다!

무엇을 이루지 못하겠는가?

어디를 가지 못하겠는가?

무엇을 후회할 수 있겠는가?

누구를 사랑하지 못하겠는가?

어떤 사람이 되지 못하겠는가?

무엇을 남기지 못하겠는가?

내게 온 일들을 왜 인정하지 않는가?

내게 온 기회를 왜 놓치려 하는가?

서둘러 결정을 내리지 않는다면, 여생을 고민하며 살아가더라도 모두 답을 찾지 못할 수도 있는 질문들이랍니다.

약간의 고통을 유발해 스스로 전력을 다하도록 자극하려고 '지금 시작하고 나중에 완벽해지지 않아' 할 수 없었던 모든 일을 살펴보고자 미래를 들여다본다고 해서 문제 될 건 아무것도 없다고 합니다.

《 빠른 결단을 이끄는 방법 》

1. 더 적은 시간에 더 많은 일을 끝내라.

2. 지나치게 고민하고 뒤늦게 후회하는 시간을 줄여라.

3. 전반적인 자신감을 높여라.

4. 더 좋은 부모나 배우자가 돼라.

5. 이상적인 파트너를 찾아라.

6, 적절한 사람들 (직원, 친구, 파트너)와 어울려라.

7. 사랑하는 일을 더 많이 할 수 있는 시간을 내라.

8. 더 빠르게, 더 직관적으로, 더 좋고 크고 힘든 결정을 내리는
   훈련을 반복하라.

9. 마음을 진정시키고 스트레스와 걱정을 줄여라.

10. 몸과 마음의 건강을 유지하라

제 꽃을 피우는 것에 큰 도움이 된 작가의 메시지를 전해봅니다.

꽃 피는 것 다 행복하여라

—미당 서정주

눈치챘어?
그래 그것이 최고의 콘텐츠!

만나셨나요? 그거!

가슴 뛰게 하는 그거!

무조건 사랑하게 하는 그거!

잡으셨군요!

그거 아시죠?

잘못된 결정은 없다.

—롭 무어

저는 해냈습니다.

두 가지의 가슴 뛰는 일을 잘 연결해서 하나로 묶었습니다. 두 가지 일을 함께해나가면 남은 제 삶의 시간이 너무도 행복할 것이 틀림없었기 때문입니다. 100세 시대를 살아야 하는 우리는 건강과 경제력이 우선입니다. 돈이 많아도 건강이 나쁘면 노후를 침대에서 살아야 하는 것은 뻔한 사실이니까요. 건강은 좋으나 경제력이 없으면 그 또한 질 높은 삶을 약속할 수 없는 것이 엄연한 현실입니다. 건강과 경제력은 하루아침에 되는 것이 아니니 더 절실하지요.

그러니! 지난 삶에서! 꼭 필요한 것만을 키워드로 잡았습니다!

100세까지
돈 버는 책쓰기 브랜딩으로
영향력 있는 명강사 되기!

103세이신데도 TV에 출연하셔서 명강의를 하시는 김형석 교수님을 모델로 했습니다. 또 시력을 잃고도 꾸준히 유튜버로 활동하시는 이근후 박사님을 존경합니다. 고령에도 건강을 지키면서 아름다운 모습으로 선한 영향력을 주고 계십니다. 두 분을 롤모델로 제 꿈을 세웠습니다.

100세까지
돈 버는 책쓰기 브랜딩으로
영향력 있는 명강사 되기!

100세 영향력 있는 질 높은 노후를 사는 삶을 안내하는 100세 라이프디자이너 최원교를 찾았습니다. 지난 시간을 돌아보며 가장 가슴 뛰는 일을 찾아서 하고 싶은 일로 정하고 다시 시작했습니다. 고도의 집중과 몰입으로 자신의 새로운 일을 정리하고 결단하는 것입니다. 그리곤 **우리는 반드시, 사전에 얼마나 철저하게 제대로 된 준비를 거친 후에 경험했는가를!** 실행하는 것입니다. 결코, 우연이 아닌 사전에 철저하게 준비된 주제를 말입니다.

'백디와 백친의 100세 인생' 카카오 오픈채팅방을 열었습니다. '1시간 만에 배우는 딱따라 책쓰기 비법'을 강연했습니다. 수강생 99 명이 강연을 열심히 들어 주셨고 88명의 뜨거운 후기를 받았습니다. 그 열기에 감사한 마음으로 매일 새벽 5시 줌방에 불을 켭니다. 4달이 지나가고 있습니다. 부자들의 글쓰기 새벽방, '부글새벽' 글쓰기 모임이 훈훈하게 이어지고 있습니다. 100세 친구, 백친 작가 1기로 강은영 작가의 '트라우마 그까이껏!'이 출간되어 명강사가 탄생했습니다. 378회 DID 토요강연에서 가장 많이 울은 강연이었다는 호평을 받았습니다. 이어 메신저 12명의 공저 '땡큐 코로나, 1억 연봉 메신저' 책이 출간되었습니다. 백친 작가 2기 12명의 작가가 코로나로 어려운 이웃들에게 희망을 주는 메시지입니다. 12명의 메신저 강연이 이어지고 있습니다. 명강사 12분의 탄생입니다.

이어서 메신저 2기 작가의 '1억연봉 메신저, 그 시작의 기술' 이 출간되었습니다. 같은 시기에 백친 3기의 30대 40대 50대 60대 70대 자신의 위기를 기회로 만든 '쪼가 있는 사람들의 결단' 출간이 이어졌습니다. 이렇게 짧은 기간에 35명의 작가와 명강사가 탄생했습니다.

이렇듯 지난날의 자신을 돌아보면서 자랑스러운 자신, 죽게 힘들었던, 행복했던 불행했던 자신의 이야기가 콘텐츠가 되고 자신의 지식이 콘텐츠가 되어 책 쓰고 강연하면서 경제력을 갖게 됩니다. 선한 영향력과 경제적 자유를 누리며 건강과 행복으로 삶을 재정비하게 됩니다. 이것이 책 쓰기 브랜딩입니다. 내가 브랜드가 되고 내 이야기가 책이 되고 경쟁력이 되는 것입니다.

책 쓰기 브랜딩은 군이 내가 나를 홍보하고 다니지 않아도 내가 무슨 일을 하는 사람이라고 일일이 설명하고 다니지 않아도 성실하고 친절한 아바타인 나의 책이 나를 대신해서 내가 쉬고 자는 시간에도 열심히 일하고 다니는 것입니다. 왜? 책을 써야 할까요!

성공하고 책을 쓰는 것이 아니라,

성공하기 위해 책을 쓰는 것입니다!

하나, 39년간 110만 진료 현장에 있었던 나!

둘, 20년 동안 약 350권 책을 출간한 나!

라이프디자이너 최원교의 꿈은

100세 시대

건강을 디자인하고

책 쓰기 브랜딩하여

사랑이 가득하여 세상을 훈훈하게 할

명강사의 이야기를 끊임없이

무대에 올리는 것입니다.

매달 새로운 강사가 태어나고 있습니다. 어두웠던 어린 환경이 경쟁력이 되고 힘들었던 성장기가 나의 콘텐츠가 됩니다. 누구나 나만의 이야기가 있습니다. 나만의 콘텐츠가 있습니다.

그 이야기를 나누는 것입니다. 잘 안 보인다면 제가 불을 켜겠습니다. 등불을 밝히고 당신만의 이야기를 함께 찾겠습니다.

우리는 하나

한마음

큰나

홀연히 들릴 듯 말 듯 불러봅니다.

내가 만일

내가 만일 하늘이라면

그대 얼굴에 물들고 싶어

붉게 물든 저녁 저 노을처럼 나 그대 뺨에 물들고 싶어

내가 만일 시인이라면

그댈 위해 노래하겠어.

엄마 품에 안긴 어린아이처럼 나 행복하게 노래하고 싶어

세상에 그 무엇이라도 그댈 위해 되고 싶어

오늘처럼 우리 함께 있음이 내겐 얼마나 큰 기쁨인지

사랑하는 나의 사람아 너는 아니

워~ 이런 나의 마음을

내가 만일 구름이라면 그댈 위해 비가 되겠어.

더운 여름날의 소나기처럼 나 시원하게 내리고 싶어

세상에 그 무엇이라도 그댈 위해 되고 싶어

오늘처럼 우리 함께 있음이 내겐 얼마나 큰 기쁨인지

사랑하는 나의 사람아 너는 아니

워~ 이런 나의 마음을

워~ 이런 나의 마음을

- 김범수 지음

간절히 마음 냅니다.

만나고 싶은 분

꼭

진실로

세상에 아름다운 사랑을 전하고 싶은

그 마음의 주인공.

적고 또 적고 그리고도 또 적자! 적자생존!

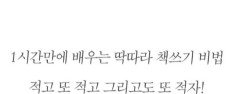

1시간만에 배우는 딱따라 책쓰기 비법

적고 또 적고 그리고도 또 적자!

적자생존!

40세에 작가 데뷔하신 박완서 선생님의 유명한 일화가 있습니다. 선생님은 항상 장바구니에 메모지와 연필을 가지고 다니시면서 떠오르는 생각을 메모하고 보이는 것들을 메모하시고 메모하셨다는 이야기입니다.

메모 왕으로 최고의 작가가 되었다는 이야기입니다. 무엇을 써야 하는가에 대하여 캄캄한 생각이 듭니다. 혼자서 생각하는 내 안의 중얼거림이 누구나 있습니다. 자신과의 대화를 써보는 것입니다. 스마트 폰의 노트 기능이나 녹음 기능을 활용하시면 좋습니다. 텍스트변환 기능을 활용하시는 것도 좋겠습니다.

블로그 글쓰기가 가장 좋습니다.

매일 1,000자~1,500자 정도의 글을 1일 1포스팅! 꾸준히 씁니다. 잘했다 못했다 판단하지 말고 내 방식대로 써보기로 합니다. 사실 매일 책을 읽는다면 책 읽는 시간이 저절로 글 쓰게 되는 시간으로 안내합니다.

저는 시간 나는 대로 책을 읽지 않습니다.
시간을 내서 책을 읽습니다.

책을 읽으면서 마음에 와닿는 특별한 문장은 그냥 지나칠 수 없습니다. 줄을 치고 그곳에 내 마음의 핀을 꽂습니다. 책 끝머리를 접어 별 표시하고 주제를 적어 놓습니다. 다시 봐야 할 곳이나 주제를 정해야 할 때 찾기 쉽습니다. 또 뭔가 큰 주제가 있을 때는 키워드 정도가 아니고 핵심적인 주제가 있을 때는 왼쪽 페이지 아랫단을 크게 적고 별 세 개로 표시합니다! 그리고 접은 곳에 주제를 자세히 적습니다. 책 아래를 잡아 주르륵 펼치면 책 전체의 흐름을 알 수 있을뿐더러 창의적인 생각과 연결해 나만의 주제로 글을 써야 할 때, 찾기 쉽습니다.

책을 곱게 쓰는 것보다 책을 못살게 굴면서 책을 잘 활용하면 책도 좋아합니다! 삼삼오오 모여서 함께 쓰는 것도 좋은 방법입니다. 블로그 21일 챌린지도 좋습니다. 함께 글쓰기 하며 서로 배우는 것이 행복한 글쓰기입니다.

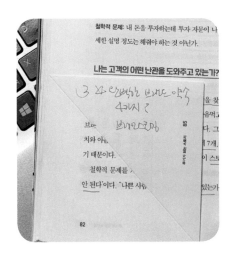

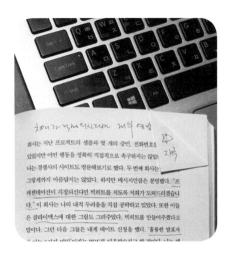

하나, 블로그 1일 1 포스팅 하십시오.

두울, 책 읽는 시간은 꼭 내주셔야 합니다.

세엣, 많이 생각해보세요!

그리고 적고 또 적고 그러고도 또 적고 적어 봅니다!

적자생존입니다!

따라 할 수 없는 이야기!
나의 기적!

내 이야기가 가장 큰 경쟁력이다.

-최 원교

무기가 되는 스토리

노널드 밀러 | 월북

'무기가 되는 스토리'에서 배운 이야기입니다.

스토리에는 항상 주인공의 악당, 방해꾼이 나타나야 긴장감이 있습니다. 주인공을 도와주고 어려움을 해결해 주는 가이드가 나타납니다.

스토리가 성공하는 절대 구성입니다. 여기서 악당은 작가의 어려웠던 시간, 힘겨워 죽을 만큼 힘들었던 경험입니다. 아무도 따라 할 수 없는 나만의 이야기입니다. 바닥을 치면 칠수록 낮은 스토리일 수록 공감대가 높아집니다. 공감대가 높아지면 성공인 거죠? 악당을 창피하게 여기거나 부끄러워 가리게 되면 그만큼 울림이 없는 글이 되고 맙니다. 실패하는 지름길이지요. 나만의 이야기를 끄집어내야 합니다.

아프지요,
아프면서 내 안의 깊은 아픔도
치유가 되는 겁니다.

이렇게 나만의 책 쓰기는 나의 치유 과정을 거쳐 독자를 치유하는 에너지가 있는 근사한 책이 되는 겁니다.

그러니 철저하게 나를 만나서 나에 대한 이야기를 깊이 나눠주세요. 진실하게 생각하고 진솔하게 이야기해야 합니다.

독자의 마음이
글쓴이의 마음이 만나질 때,

한마음
그것이 공감입니다.

공감이란
누군가, 나를 보아주고
내 말을 들어주고
나를 이해해 주는 것입니다.

지난 시간을 돌아보면서 1살부터 100살까지 나만의 연혁표를 만들어 보세요.

한 해 한 해 기억을 떠올리며 좋았던 일, 힘들었던 일, 가장 잘했던 일, 가장 가슴 뛰는 일이 있는지 잘 만나 보세요. 하고 싶은 이야기로 가기 위해 나만의 이야기를 풀어 보세요!

나의 이야기가 나의 경쟁력입니다.

그거 알아요?
위기 속에 기회가 있다는 거!

멈추자! 잠시 쉬는 거야!

지난 시간을 본격적으로 돌아보는 것을 해보신 분은 다 아실 거예요. 참으로 힘든 일이죠. 잊고 있었던 아픔이 다시 더 크게 느껴져, 펑펑 목 놓아 울게 되기도 해요. 내 탓이 아닌 가족의 환경 때문에 또는 느닷없이 억울하게 힘든 일을 당한 경우, 그 어려움과 노여움으로 인생 전체가 꼬여버린 상황도 있어요.

분하고 어이없는 일도 있지요. 잊고 있었던 일로 서러움이 폭발하는 때도 있어요. 삶을 돌아보는 시간은 참으로 힘든 과정입니다. 나와 나의 만남으로 자신의 바닥을 만나고 나면 마음이 많이 힘들어지기도 합니다.

잠시 쉬는 것이 좋습니다!

휴식은 또 다른 생각 그릇을 만드는 과정입니다. 자연으로 나가는 것을 권해 드립니다. 푹 자도 좋고요. 좋아하는 장소로 훌쩍 떠나는 것도 좋습니다. 물론 산으로 강으로 훨훨 날아 보는 것은 더욱 좋지요. 쉬는 시간은 새로운 그 무엇을 만나기 위한 비움의 시간입니다. 좋은 생각도 나고 에너지도 채워져 뭔가 꿈틀꿈틀 올라오기 시작하죠.

기적을 만나기도 해요. 저는 목욕탕에서 기막힌 아이디어가 떠올라 기회를 잡은 적이 한두 번이 아닌걸요! 정리 정돈, 청소하는 것도 정말 좋습니다 늘 마음 한구석에 있었던 마음을 탈탈 먼지까지 털어내는 효과가 있어요.

무심으로 청소하다 보면 갑자기 떠오르는 기막힌 아이디어!
잠재의식 속에서 올려보내는 기적의 기회!!!

그거 아세요?

위기 속에 기회가 있는 거!

위기 안에 숨어 있는, 운 말이예요!

그거 아세요?

멈추세요!

그리고 잠시 하늘을 올려다보세요!

숨을 크게 쉬고

하늘을 보세요!

기회가 뚝!

내 앞에 떨어져 와 있습니다.

좋아하는 책 있어?
술술 읽히는 아주 쉬운 인생 책!

인생 도서, 술술 읽히는 딱책 정하기!

여기까지 준비가 잘 되었습니다.

과거도 찬찬히 돌아봤고 가장 가슴 뛰는 나만의 콘텐츠도 찾았습니다. 실행하기로 결심했고 마음의 준비도 단단히 챙겼습니다. 성공하자는 결심도 했습니다. 이제! 나만의 비법을 발표하겠습니다. 가장 중요하고 가장 쉬운 방법입니다.

책을 많이 읽으셨나요? 책을 좋아하시지요? 책을 읽다 보면 딱 이렇게 쓰고 싶다 하는 책이 있을 겁니다. '딱 요런 책 한 권 썼으면 좋겠다!' 하는 쌤플 책이 있을 겁니다. 만약 없다면 이제라도 찾아야 겠습니다. 글 쓰고 책 쓰기를 하겠다고 결심했으니까요! 지금까지 읽은 책과 읽지 않은 책을 구분하십시오. 그리고 책장을 정리하세 요! 저는 날짜별로 분야별로 정리합니다. 읽었던 책 중에 '책을 쓴다 면 이런 책으로 쓰고 싶어!' 하는 책이 있다면 다시 읽어 보시길 권 장합니다. 없다면 독서를 계속하셔야 합니다.

'딱 책'은 글쓰기 '책 쓰기'의 스승입니다.

-100세 라이프디자이너 최원교

'거꾸로 출판, 100세까지 돈 버는 책 쓰기 브랜딩으로 명강사 되기'

대상의 나이와는 상관없이 참으로 잘 기획된 프로젝트입니다. 본격적으로 결단하고 실행하여 결과가 나오고 있는 지금, 돌아보면 새롭게 정의한 제 소명은 아무리 생각해도 가슴이 뜁니다.

보통, 작가가 원고를 쓰고 나면 책을 출간하기 위해 출판사에 투고합니다. 출판사와 작가의 뜻이 맞게 되면 출판 계약을 하고 책 을 펴내게 됩니다. 이 과정에서 헤리포터의 작가도 수많은 출판사 의 거절을 경험한 것을 말합니다. 350여 종 종합출판을 해 온 저는

'거꾸로 원교출판'을 기획했습니다. 거꾸로 출판이란 작가와 출판사가 출판 계약을 먼저하고 글쓰기 수업을 함께 하는 것을 말합니다. 물론 '나만의 글쓰기 비법'으로 작가가 처음부터 끝까지 작가만의 이야기를 써냅니다. 이런 방법으로 책이 출간되고 있습니다. 100세 친구, 백친 작가 1기, 2기의 작품은 이미 출간되었고 지금은 메신저 2기, 백친 3기 작품도 이어 나왔습니다.

기적이 일어나고 있습니다. 예비작가들은 큰나(공감) 출판사와 계약함과 동시에 '딱따라 책쓰기' 클라스에서 글쓰기를 하게 됩니다. 첫 책인 만큼 기대도 크지만, 걱정이 더 앞섭니다. 하지만 제가 단연코 말합니다. "카톡 문자만 할 수 있어도 책 쓰기가 가능합니다. 살아온 경험과 독서력 그리고 '딱 책'만 있으면 누구나 가능한 책 쓰기입니다." 실제로 그대로 실행하여 놀라운 결과를 내고 있습니다.

정말, 정말 근사한 비법입니다.

100세 친구, 백친 작가 열두 명이 공저로 한 권의 책을 내고자 했습니다. 지난 6월 28일부터 매일 아침 6시, 줌에 모여 책을 쓰기 시작했습니다. 2주 동안 주말은 쉬고 평일 열흘 동안 함께 글을 쓴 것입니다. 각자의 인생 도서, 딱 책을 정하고 글쓰기 시작한 지 10

일이 되었습니다. 놀라운 사실은 10일 동안 모두 완성하였다는 것입니다. 술술 읽히는 가독성 좋은 품위 있는 글이 저절로 마구 써지자, 한 작가가 말했습니다.

"놀랍습니다! 저는 사실, 책 쓰는 일은 꿈조차 꾸지 않는 사람이었습니다. 쓸 수 있다고 해서 할 수 없이 참가했는데 태어나서 처음으로 제 프로필 사진을 세상에 내놓게 되었습니다. 내가 이렇게 글을 쓸 수 있다니! 놀랍고 놀랄 따름입니다! 이제는 저 혼자서도 제 책을 낼 수 있을 것 같습니다!"

안내하는 저도 깜짝 놀랍니다! 신기하게 글솜씨가 보통이 아닙니다. 정말 카톡 문자만 쓰는 분이 멋지게 완성하는 글을 보면 이 비법이 가장 쉽고 가장 착한 글쓰기 방법이라는 생각입니다.

제 인생 책을 소개합니다!

부자의 운
사이토 히토리 | 다산북스

제 나이가 63세이다 보니 '사이토 히토리' 님의 이야기가 나긋나긋 편해서 좋습니다. 별 어려운 단어도 쓰임 없이 참으로 쉬우면서 깊게 다가옵니다. 삶을 경험한 것에서 하고자 하는 말을 글로 말하듯이 쓴 글이라서 읽기도 편하고 좋습니다. 쉽다고 해서 하고자 하는 내용이 덜 전해지는 것은 아니지 않습니까! 오히려 쉽게 공감할 수 있어 참으로 좋은 글입니다. 지금도 제 글은 제 '딱 책'을 읽으면서 쓰고 있습니다.

사실 어려운 단어 안 쓰고, 쉽고 일상생활에 늘 쓰는 말처럼 글을 쓴다는 것이 그리 쉬운 일은 아닙니다. 전공서는 어려운 용어 때문에도 쉽지 않지만 쉬운 글이 편하고 좋습니다. 물론, 번역한 분이나 출판사 에디터께서 잘하신 것이죠. 하지만 '사이토 히토리' 할아버님의 이야기로 아주 편하게 읽힙니다.

저는 이 책을 여러 번 읽어도 좋다고 생각했습니다. 책 내용도 아예 뼈에 박히도록 반복하면서 평생 옆에 두고 읽으면 더 좋다고 생각합니다. 내 글도 술술, 같은 스타일로 써진다면 더없이 만족할 것이라고 결정했습니다. '딱 책'이 두 가지 모두 만족하면 더욱 좋겠지요! 글의 형식이나 내용이 나와 잘 맞는다면 금상첨화 아닐까요!

이렇듯 생애 최고의 책, 인생 책, 인생 도서를 꼭 이 책처럼 쓰고 싶은 책을 '딱 책'으로 정했습니다! 딱! 이 책이야!

자, 이제 글 쓰는 방법을 알려드릴게요! 집중하세요!

맨 처음,

글쓰기 전 '딱 책'을 한 꼭지 읽으세요.

그냥 보통 때처럼 책 읽듯이 눈으로 찬찬히 따라 읽으십니다.

두 번째,

'딱 책'을 읽은 후, 책을 닫고 컴퓨터를 엽니다. 블로그에 내 글을 한 꼭지 쓰는 겁니다. 이때, 단숨에 적어 내려갑니다. 이런저런 생각으로 글을 만들어 쓰기보다는 말하듯이 앞에 누가 있다고 생각하고 말하듯이 한 꼭지 글 분량으로 단숨에 써 내려갑니다. 마음에 담아뒀던 주제에 대한 생각을 정말, 쉬지 않고 그대로 씁니다.

그다음 세 번째,

글쓰기 전 읽었던 인생 책, '딱 책'을 다시 폅니다. 이번엔 소리 내어 읽습니다. 반드시 소리 내어 읽어야 합니다. 귀가 책을 읽는 소리를 듣기 때문입니다. 다시 읽을 땐 소리 내어 리듬을 타고 읽습니다. 말도 글도 리듬이 있습니다. 리듬이 중요합니다. 리듬만 잘 타고 쓰면 가독성 높고 잘 읽히는 책을 저절로 쓰게 됩니다.

해보서요!
무슨!
그런!
뭐지?
부정적인 생각은 마시고
일단 1주일만 꼭 그렇게 반복하시는 겁니다!
잘 썼느니 못 썼느니 아무 생각 마시고요.

마지막으로,

소리 내어 읽은 책을 덮고 바로 자신이 쓴 블로그 글을 이번에는 소리 내어 읽으면서 수정합니다. 읽다 보면 막히는 곳이 있어 저절로 고치게 됩니다. 수정 부분을 두 번 세 번 소리 내어 읽다 보면, 저절로 술술 읽히도록 고쳐집니다. 자연스럽게 엉킨 곳이 보이고

안 넘어가는 곳이 보여서 자꾸자꾸 반복해서 읽어가며 저절로 수정해 나가는 자신을 보게 됩니다! 이렇게 일주일을 그대로 하면 멋진 자신의 글에 매료되어! 소리를 지르게 됩니다! 일비일희하지 않고 알려드린 방법대로 반복해서 글을 쓰다 보면 누구나 말하게 됩니다! 놀라운 비법입니다.

"야호! 저절로 써지는 딱따라 책쓰기! 성공!"
"아! 나는 천부적인 글 작가인가 봐! 나는 천재야! 천재!"

나는 따라쟁이,
베토벤도 따라쟁이로 출발!

바바바밤!! 바바바바밤!!!

맞습니다! 베토벤도 시작은 모방입니다. 모든 예술의 시작은 모방입니다. 지난번에 이어 연속해서 저절로 되는 '딱따라 책쓰기'에 대하여 이야기하겠습니다. 가장 중요한 주제이니 한 번 더 보시면 좋겠습니다.

방법은 단순 반복입니다.

한 꼭지를! 인생 책, '딱 책'을 읽고 내 글을 단숨에 쓰고 '딱 책'을 소리 내어 읽고 다시 내 글을 소리 내어 읽으며 수정하는 것입니다.

이때, 주의하여야 할 팁!

절대 한 꼭지에 집착하지 마시기 바랍니다. 그냥! 수정 후 미련 없이 다음 꼭지로 갑니다. 그리고 다시 새로운 주제를 고르고, 인생 책 한 꼭지 읽고 내 글 한 꼭지 쓰고 다시 인생 책 '딱 책'을 소리 내어 읽고 마지막으로 썼던 내 글 한 꼭지 소리 내어 읽으면서 수정하면 끝입니다.

또다시 반복!
반복!
반복!
이렇게 하루에 한 꼭지를 써서,
네이버 블로그에 1일 1 포스팅!
2달이면 책 한 권 완성!

또는 아침에 한 꼭지, 저녁에 한 꼭지 써도 좋습니다!
네이버 블로그에 1일 2 포스팅!
1달이면 책 한 권이 완성됩니다!

대견하고 보람되고 행복하고, 이렇게 한 달 두 달 쓰다 보면 내 스타일의 '딱따라 책쓰기'가 저절로 됩니다. 꼬박꼬박 빠지지 않고 열흘 정도 쓰다 보면 이런 말을 하게 됩니다. "어! 이거 누가 썼지? 내가 쓴 거 맞아?" 잘 쓴다 못 쓴다 비평하지 않고 그저 꾸준히 4가지 스텝을 그대로 밟으면 말입니다. 부디 경험해보시기 바랍니다.

여기에! 함정이 있습니다. 열흘 즈음 잘 진행됩니다. 신도 나는데 자신감이 붙으면 '딱 책'을 잊어버리고 자신의 글로 마구 파고듭니다. 자신도 모르게 혼자 쓰고 있는 자신을 보게 됩니다. 그러다 보면 잘 쓰던 내 글은 어디로 가고 정체성 없는 글이 저절로 써지고 있는 것을 알아차리게 됩니다.

다시! 초심으로 돌아가 인생 책을 꼭 잡습니다.

내 안의 글쓰기 리듬을 잊지 마세요. 몸에 박히도록 따라쟁이 글쓰기를 하는 겁니다. 따라쟁이 글쓰기를 뼛속 깊이까지 리듬이 박히도록 쓰고 또 씁니다. 될 때까지 하실 것이기에 우리는 '나만의 글쓰기'로 성공하는 일만 남았습니다.

다시 인생 책을 읽고
내 글을 쓰고
다시 인생 책을 소리 내어 읽고
내 글을 소리 내어 읽으며 수정합니다.

반복하면 책쓰기 완성입니다!

쉽게,
12살도 다 알 수 있도록!

쉽게 씁니다.

12살도 다 알 수 있도록 쉽게 씁니다. 편한 사람과 마주 앉아 자신의 이야기를 술술 이야기하듯 아주 쉽게 씁니다. 오래전부터 출판 동네에서 많이 들었던 말이 있습니다. "중학교 2학년 수준에 맞는 책이 성공한다." "성공한 책은 중학교 2학년이 읽어서 좋은 책이다." "책은 중학교 2학년 정도의 수준이면 딱 좋다!"

어려워 잘 읽히지 않으면 책을 읽다가 닫습니다. 좋은 책이라고 해서 몇 번 더 집중하며 읽다가도 어려우면 책을 포기하게 됩니다. 독자가 읽어주지 않으면 나의 독백일 뿐입니다. 과시하는 것이 아니라 널리 함께 알리고자 하는 뜻이 있는 책이라면 술술 읽히면서 거부감 없이 쉽게 읽히도록 쓰는 것이 매우 중요합니다. 베스트 셀러와 스테디셀러의 책을 잘 살펴보시기 바랍니다.

초등학교 4학년도 읽으면 이해할 수 있도록 쉽게, 아주 쉬운 말로 이야기하듯 술술 써 내려가면 좋습니다. 이야기하듯 말입니다. 주제를 정했으면 그 주제에 관한 이야기를 독자에게 편안하게 전한다는 생각으로 글을 단숨에 씁니다. 인생 책 '딱 책'을 읽고 내 글을 쓰고 읽었던 그 '딱 책'을 다시 소리 내어 읽습니다. 다시 내가 글을 소리 내어 읽으면서 수정합니다. 이러한 방법으로 지속해서 새 글을 반복해 써나가면 저절로 성장하는 자신의 글을 발견하게 될 것입니다.

문체가 어려운 책을 고르셨다면 다시 생각해 주세요.

쉬운 말 놔두고 왜? 어려운 말을 쓰려 할까요? 혹시라도 수필가, 소설가, 시인등 문인이 되려 한다면 쓰는 것보다는 더 많은 작품을 읽으시고 자신의 삶을 더욱 성찰하는 시간을 갖는 방법을 추천해 드립니다.

많은 분께 소통되고 공감되어, 깨닫고 움직이게 하는 책이어야 장수합니다. 입과 입을 통해 전해지고 내 책을 읽고 공감하는 찐 팬이 생깁니다. 깨우치고 따라 하고 싶고 가슴이 뛰고 독자도 생깁니다. 많은 사람에게 영향력을 미치는 큰 선물을 주는 훌륭한 작가가 되시기 바랍니다. 무릎 치며 깨닫고 변화하며 성장하는 작가의 독자 팬덤이 생깁니다.

내가 브랜드가 되는 세상, 내가 쓴 책이 나를 브랜딩합니다. 책이 나를 소개하고 홍보하고 광고합니다. 책 쓰기가 성공의 비결입니다!!!

저절로 내가 브랜드가 되는 가장 강력한 책 쓰기 브랜딩으로 성공하십시오!
책 쓰기는 나를 위한 강력한 최고의 브랜딩 방법입니다.

내가 자고 있어도, 내가 여행 중이어도, 내가 요리를 하는 시간에도, 내가 친구들과 수다 떠는 시간에도, 나의 책은 나 대신 독자를 찾아가 나의 이야기를 전하고 다닙니다. 심지어 내가 자는 시간에도 말입니다. 이런 이유로 책 쓰기가 필수입니다.

온라인 세상, 온택트, 언택트, 비대면 시대라 더욱 책 쓰기가 절실해졌습니다. 8번 만나면 지인이 된다지요? 8번 밥을 같이 먹으면 친구가 된다지요? 온택트 시대, 비대면 시대에 8번 만나자고 하면 어떨까요? 8번 밥 먹자고 하면 어떤 일이 일어날까요? 만나지 않아도 밥을 같이 먹지 않아도 내 책을 본 사람은 나를 찾아옵니다. 사방에서 연락이 옵니다. 같은 생각 같은 방향으로 가고 싶은 사람들이 나를 만나고 싶어 나에게 옵니다.

쉽게 술술 읽히도록 쓰세요!

방법은 따라쟁이, '딱따라 글쓰기 비법' 다시 한번 읽어도 좋은 글을 쓰세요!

4학년이 읽어도 다 알 수 있도록 중학교 2학년의 가슴이 뛰도록 전 국민이 즐겨 보는 대박 드라마처럼 써 주세요. 에너지 팡팡, 때로는 눈물 저린 공감을 주는 멋진 글을 써 주세요. 동해 바다 해 뜨듯 희망을 담아 주세요. 경험한 것을 듬뿍 넣어 당신의 이야기, 당신의 꿈, 당신의 하우투를 맘껏 공개하세요!

저절로 1인 기업가!

나만의 책쓰기, 100세까지 돈 버는 책 쓰기 브랜딩입니다.

경제적 자유 시간적 자유 행복의 자유

나만의 책쓰기가 답입니다!!!

내 영혼을 녹여 내 마음을 담아

내 편이 되어줄 세상의 독자들을 떠올려 보세요!

미니멀라이프!
글도 미니멀라이프!

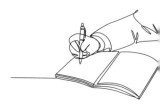

짧게! 글도 미니멀라이프!

이사를 하게 되었어요. 버리기 딱! 좋은 기회지요. 버리고 또
버리고 새집으로 왔는데도 그래도 너무 많은 거예요. 그래서 다시
정리해서 제 자리를 잡으면서

또 버리기 시작했습니다.

글도 마찬가지입니다. 우리 안에는 너무나 많은 이야기가 있습
니다. 우선, 하고 싶은 이야기를 그냥 쭉 써 내려갑니다. 처음부터
이것저것 생각하며 쓰다가는 흐름(리듬)이 엉망이 됩니다. 쭉 써 내

려간 거침없이 쓴 글을 반복해서 읽으면서 없어도 되는 것부터 정리해보세요. 버릴 것부터 정리해 나갑니다. 없어도 되는 글부터 지우기 시작해 보세요. 정리한 후에 다시 소리 내어 읽어 보시면 잘 읽힙니다! 내용이 더 강하게 전달되지요? 바로 그것입니다!

긴 문장은
때로는 두 개로 나눠보서요.
세 문장으로 나눠도 좋습니다.
어떠세요!
간결하면서도 단백하게 잘 읽히지요?
글도 미니멀라이프 입니다!

잊지 마세요.
브랜딩의 효과를 높여주는 미니멀라이프 좋습니다!

생각도 미니멀라이프! 이 좋은 팁은 목차에서 다시 실행해보세요. 목차는 제목 다음으로 독자가 당신의 책을 알아차리는 곳이며 구매 확정률이 가장 높은 곳입니다. 처음에 서점 매대에 있는 책을 집어내기까지는 제목이 큰 역할을 합니다. 표지는 말할 것도 없지요! 표지에 내 책의 제목을 앉히는 일은 저자로서 절대 중요한 일입니다.

독자와의 첫인상!!!
첫 만남은 3초 만에
모든 것이 결정 난다고 하네요!

표지와 제목의 어울림 그 무엇이 3초를 좌우합니다! 독자가 서점 매대 위에 책을 잡아 드러나는 것과 인터넷 서점 검색하다 당신의 책을 클릭! 클릭하는 것과 같습니다.

나는 미니멀리스트, 이기주의자입니다
저자미니멀리스트 시부 | 출판 홍시커뮤니케이션

책의 선택은 뭐니 뭐니 해도 표지 디자인, 그 위에 있는 제목의 콜라보 메시지입니다. 글을 아무리 잘 써놔도 제목과 표지의 메시지에서 공감되지 않으면 선택되지 못하겠죠! 생각만 해도 안타까운 일입니다. 제목은 글쓰기 시작하면서 인쇄되기 전까지 계속 생각합니다.

제목은 인쇄하기 전까지는 언제든지 바꿀 수 있다는 것을 잊지 마세요!

물론, 표지도 바꿔야 하는 힘든 상황이 있습니다, 그럼에도 불구하고 바꿔야 한다면 더, 더, 더 깊이 생각해보고 주변 분들 의견도 들어보고 계속 소리 내어 중얼중얼하면서 신중하게 결정해야 합니다. 왜냐면, 한번 태어난 자식은 어떻게 할 도리가 없다는 것입니다. 자식이 태어나면 일단 모든 것, 그야말로 모든 것! 여기서 모든 것의 의미는 진정 모든 것입니다. 잘못되었다고 생각되는 것인 것이 진정 잘못된 것일지라도! 미운 것! 정말 미운 것이라도! 좋은 것 나쁜 것 미운 것 할 것 없이 모두 다를 그대로 받아들이고 인정하고 사랑해야 합니다. 부족하고 모자라고 마음에 들지 않는 것은, 다음 책을 낼 때 모두 반영하면 그것이 성장입니다!!!

작가인 아빠와 출판사인 엄마는

태어난 자식에게

무조건 칭찬, 응원, 격려

긍정적인 찬사를 보내야 합니다!

20년간 350여 종의 종합출판을 해 온 경험에서 얻은 지혜입니다. '100세까지 돈 버는 책 쓰기 브랜딩'의 핵심은 마음입니다. 마음으로 글을 씁니다. 삶에서 건져진 마음을 진솔하게 그대로 담아 펴내는 것입니다. 글 쓰는 과정이 공부이고 깨달음입니다. 마음이 마음에게 마음을 전하며 쓰는 글은 영혼의 글입니다. 그러니 내 마음의 글은 '나만의 책쓰기'로 해낼 수 있는 것입니다. 써보시면 알게 됩니다.

새벽 5시 어김없이 줌 글방에 백친 작가님들이 옵니다. 전날의 컨디션에 따라 오실 수도 있고 쉴 수도 있습니다. 자유롭게 참여합니다. 하지만 마음은 줌 글방에 와있습니다!

25:5 법칙 흐름에 따라 각자의 글을 씁니다. 25분 동안 글을 쓰고 5분 쉽니다. 이때 5분동안 잔다는 마음으로 눈을 감고 있으면 잠들기도 합니다. 반복합니다! 5분의 휴식이 25의 효과를 증대하지요. 해보시면 몸으로 다 느끼게 됩니다. 기적의 5분! 종일 피곤하지 않게 글을 쓸 수 있는 비법입니다. 해보시면 압니다!

짧게! 글도 미니멀라이프! 짧은 것은 강력합니다! 수많은 정보가 쏟아지는 세상, 종일 핸드폰의 작은 글씨와 살아내야 하는 세상입니다. 아무리 좋은 이야기라도 군더더기에 가려지면 핵심을 잃습니다. 또 너무 버려서 쓸 것이 없으면 곤란하겠지요! 그러나 짧게! 글도 미니멀라이프! 그 마음으로 쓴다면 단순하고 강력하여 세련된 소통은 물론 진하게 공감되는 그 무엇이 됩니다.

거꾸로 책쓰기,
100세까지 돈 버는 책쓰기브랜딩은
삶의 경험, 철학입니다.

작가의
강력한 메시지입니다.

내 영혼을 녹여 내 마음을 담아
내 편이 되어줄
세상의 독자들을
떠올려 보세요!

크게!
소리 내어 리듬을 타!

크게 소리 내어 리듬을 느껴가며 책을 읽어 보세요.

탁탁 걸리는 곳을 부드럽게 넘어가도록

수정하면 좋은 글이 됩니다.

읽는 독자의 마음속으로 쉽게 자리 잡게 하는 거지요.

시가 외우기 좋은 이유입니다.

노래 가사가 잘 외워지는 이유입니다.

동의하시죠!

출판 계약과 동시에 책 쓰기 수업 1달 만에 원고를 완성합니다. 그렇습니다! 독자의 마음을 정말 신나게 만들 수도 있고, 가슴 벅차게 만들 수도 있고, 하염없이 눈물 나도록 만들 수도 있는 사람이 작가입니다. 가슴 벅찬 일을 실행할 수 있도록 동기부여를 할 수 있는 사람이 작가입니다. 작가는 독자를 작가의 세계로 끌어 드릴 수 있습니다. 이것은 글의 내용도 그렇지만 리듬이 들어가기 때문입니다. 사실적으로 아무리 딱딱한 글을 쓰더라도 리듬 있는 글은 잘 읽히고 머리에 쏙쏙 들어옵니다. 경험해보시기 바랍니다. 낭독하고 발표를 잘하고 강연을 잘한다 해도 소리 내어 읽기를 연습합니다.

좋아하는 책의 선택이 중요합니다. 책 쓰기, 글쓰기, 인생 책을 선택할 때는 신중하게 잘 선택해야 합니다. 내 안의 리듬이 '딱 책'의 리듬과 함께할 때 큰 에너지의 리듬이 새롭게 창조되기 때문입니다. 평소에 리듬감이 묻어 나오는 자신인지를 한번 점검해 보는 시간을 갖습니다. 이를 닦다가도 흥얼거린다거나 어떤 기분 좋은 일이 있을 때 혼자 슬쩍 몸을 흔들며 춤을 춘다거나 한 경험이 있다면 그것으로도 작가 자질이 충분한 것입니다.

내 안의 리듬을 꺼내십시오.

쉬는 시간

걷는 시간

음악을 듣는 것도 몸을 깨우는 일입니다.

모든 시간에는 자신의 리듬이 있습니다.

맘을 깨우는 일입니다. 정신을 깨우는 일입니다. 글로 모두 다 나오게 되어 있습니다. 들어간 것이 있으니 나오는 것이 있는 거지요. 우수한 글 내용에 리듬까지 들어간다면 금상첨화, 술술 잘 읽히는 글이 됩니다. 연습해 보세요! 비법을 모두 공개했습니다.

다시 간단하게 정리하여 비법을 말씀드리겠습니다!

100세까지 돈 버는 책 쓰기 브랜딩, 거꾸로 원교출판!

1시간 만에 배우는 '딱따라 책쓰기' 비법입니다.

1. 인생 책, '딱 책' 결정하기

내용도 문체도 맘에 들어 꼭 요런 책 쓰고 싶다! 하는 책입니다.

- 주제는 다르지만, 책이 너무 맘에 들고 이런 책처럼 나도 쓰고 싶다!' 하는 책입니다

2. 딱 책을 한 꼭지 읽고, 내 글을 블로그에 단숨에 쓰고, 다시 '딱 책'을 소리 내어 읽고, 마지막으로 내 글을 소리 내어 읽으면서 내 글 수정하기

　– 이대로만 반복 해보세요. 빠르면 10일 안에 놀라운 글쓰기로 성공합니다.

3. 초심으로 30일 동안 네이버 블로그 1일 2 포스팅 하세요.

　– 완주 때까지 놓치지 않으면 대성공합니다. 60꼭지 완성이면 책 한 권 끝!

지금 '100세 친구' 작가들은 거꾸로 원교출판, 글쓰기 비법으로 성공적인 책을 쓰고 있습니다. '100세까지 돈 버는 책 쓰기 브랜딩'으로 영향력 있는 명강사 되기에 자신의 지식과 경험을 담아 꿈을 키워가고 있습니다.

100세까지 나만의 글쓰기 비법, 100세 친구 함께 해요!

따라와!
더 깊은 곳으로!

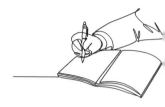

네이버 블로그 고마워요!

따라 가보세요!

더 깊은 곳으로!

제 이야기와 백친 작가님의 이야기를 해보겠습니다.

우리는 우리가 쓰는 글만 생각합니다.

어떻게 쓰지?

정말 잘 쓸 수 있을까?

카톡 문자만 잘한다면 책을 쓸 수 있다고 했는데 과연 한 번도 써보지 않은 내가 잘 쓸 수 있을까? 대부분 걱정이 태산입니다. 걱정이 KTX급입니다. '딱따라 책쓰기'의 비법대로 그대로 쉬지 않고 씁니다. 알려드린 방법 그대로 글을 쓰면, 정말 어느 날 깜짝 놀라게 됩니다!

'아니! 이거 내가 쓴 글, 맞아?'

'내가 이렇게 글을 잘 썼다는?'

온 마음, 온 힘을 다해서 쓰고 있기 때문이지요. 내 안의 잠재의식까지 총동원해서 한마음으로 글쓰기가 됩니다. 인생 책 읽으며 리듬 따라 쉽고 짧게 이야기하다 보면 저절로 써집니다. 책에서 읽고 배운 지식과 지혜가 저절로 써가는 글을 보시게 될 것입니다.

깊이

더 깊은 곳까지

따라가 보시기 바랍니다.

자신을 믿고

인생 책 한꼭지 읽고,

내 글 한꼭지 단숨에 쓰고,

방금 읽은 인생 책 소리내어 읽고,

또 방금 쓴 내 글 읽으며 수정

이대로 반복 또 반복하면 책 한 권이 완성됩니다.

쓰고 또 쓰면서 깊은 그곳으로 더 깊은 곳으로 가보세요. 좋은 글로 많은 사람에게 더 나은 변화와 성장을 하게 합니다. 큰 꿈을 이루십시오. '딱따라 책쓰기' 비법으로 내적 외적 성장으로 행복과 꿈을 이루세요.

100세까지 돈 버는 책 쓰기 브랜딩으로 영향력 있는 명강사 되기로 안내합니다.

1시간 만에 배우는

딱따라 책 쓰기 비법 12가지로

당신은 성공하셨습니다!

100세까지 쓰고자 하는 책쓰기 하면서 성장하는 삶으로 출발하셨습니다!

− 혼자 쓰기 힘드신 분은 '부글새벽'으로 오셔서 함께 하세요.

https://blog.naver.com/cmass77/222398667909

− 100세 명강사 꿈을 이루는 곳으로 오셔서 함께 해도 좋습니다.

https://open.kakao.com/o/gHF0MEuc

− 책 쓰기 일대일 문의는 이곳으로 하세요.

cmass7759@gmail.com

100세 라이프디자이너 최원교가 발명한

1시간 만에 배운 딱따라 책쓰기 비법입니다.

반달

반은 지상에 보이고 반은 천상에 보인다

반은 내가 보고 반은 네가 본다

둘이서 완성하는
하늘의
마음 꽃 한 송이

– 이 성선, 산시

1999년, 시 한 편에 반해서
시집 출판사를 사버린
발행인 최원교.

큰나 출판사 발행인, 최원교
현, 40년 킴스패밀리의원한의원 운영원장
현, 20년 큰나, 공감 발행인

2021년 8월 13일

1시간만에 배우는
딱따라 책쓰기 비법

1판 1쇄 인쇄 | 2021년 10월 5일
1판 1쇄 발행 | 2021년 10월 12일

지은이 | 최원교

펴낸이 | 최원교
펴낸곳 | 공감

등　록 | 1991년 1월 22일 제21-223호
주　소 | 서울시 송파구 마천로 113
전　화 | (02)448-9661팩스 | (02)448-9663
홈페이지 | www.kunna.co.kr
E-mail | kunnabooks@naver.com

ISBN　978-89-6065-311-5　03320

* 큰나 홈페이지 주소 keunna.com

* 백디와 백친의 100세인생 오픈채팅방
https://open.kakao.com/o/gHF0MEuc